EX-LIBRIS

Terapia literaria

el libro

Terapia literaria

el libro

Manual de supervivencia para lectores

Maura Gómez
Valentina Trava

AGUILAR

El papel utilizado para la impresión de este libro ha sido fabricado a partir de madera procedente de bosques y plantaciones gestionadas con los más altos estándares ambientales, garantizando una explotación de los recursos sostenible con el medio ambiente y beneficiosa para las personas.

Terapia literaria. El libro
Manual de supervivencia para lectores

Primera edición: noviembre, 2022

D. R. © 2022, Maura Gómez y Valentina Trava

D. R. © 2022, derechos de edición mundiales en lengua castellana:
Penguin Random House Grupo Editorial, S. A. de C. V.
Blvd. Miguel de Cervantes Saavedra núm. 301, 1er piso,
colonia Granada, alcaldía Miguel Hidalgo, C. P. 11520,
Ciudad de México

penguinlibros.com

D. R. © 2022, Nayeli Rojas, por las ilustraciones

ISBN: 978-607-382-083-7

Impreso en México – *Printed in Mexico*

A María José, a Juan Pablo y a Humberto,
mi razón de ser.
A Margarita y Rogelio, por quienes soy quien soy.
MAURA

A mi abuelito Jorge.
VALENTINA

Hace muchísimos años que yo no estoy solo,
desde que aprendí a leer.
JOAQUÍN SABINA

ÍNDICE

VÁMONOS DESDE EL PRINCIPIO

Aprender a leer es lo más importante
que me ha pasado en la vida.

Mario Vargas Llosa

Terapia Literaria, el en vivo, surge en febrero de 2021, durante una llamada telefónica.

Mientras comentábamos nuestras lecturas del momento, tema habitual entre nosotras, nació la idea de compartir esa plática con toda la gente que de manera constante nos pide recomendaciones. Hablar de libros y literatura en un tono fresco, natural y sin pretensiones, contagiar lo que un título nos provoca, sin *spoilers*, pero dando nuestra opinión real; si nos gusta se los decimos, si no nos gusta ¡también!

Platicamos de todos los libros que caen en nuestras manos, los que nos regalan, los que nos envían las editoriales, los que compramos; de nuestras experiencias lectoras; de nuestro día a día; damos tips para encontrar tiempo para leer en medio de las actividades diarias, a veces olvidamos que no estamos solas, que detrás de la pantalla hay cientos de personas y decimos una que otra barbaridad.

: ¿Verdad, Maura?

 : Sí, hemos dicho cada cosa que luego nos arrepentimos, se nos olvida que una vez que está en redes, se
queda ahí para siempre.

Buscamos crear un espacio entre amantes de las historias,
un lugar de encuentro, de complicidad, de amigos entraña-
bles a quienes, en la mayoría de los casos, nunca hemos visto en persona. Las redes sociales nos han permitido llegar a
lugares en todo el mundo para hablar de lo que nos apasiona, para conocer sus inquietudes y puntos de vista. La familia de *Terapia Literaria* crece y se alimenta de todos los lectores, de las múltiples experiencias que cada uno ha vivido
y comparte.

La *Terapia Literaria* la hacemos pensando en ustedes, en
que se diviertan a través de anécdotas, en que conviertan
la lectura en algo cotidiano, algo emocionante. Quién iba a
decir que lo que comenzó como una llamada entre amigas
terminaría siendo un libro. Aquí estamos un año después.
Esta *Terapia Literaria* es para ti.

ASÍ COMENZAMOS NOSOTRAS...

Valentina:

Mi abuelo era poeta, creo que de alguna manera mi amor por los libros viene de él, de saberlo un gran escritor de cartas y textos irreverentes. De mi mamá recuerdo sus pláticas sobre un club de lectura al que había pertenecido y en el que había leído títulos que, años más tarde, me di a la tarea de buscar para poder leer yo. Gracias a esas recomendaciones fue que a los 16 años llegué al libro que me volvería lectora, *Flores en el ático*. Lo devoré, lo escondí en la mochila para poder leerlo durante las clases; mientras mis amigos hacían operaciones matemáticas yo no despegaba los ojos del libro. Alguna vez una compañera me dijo: "Te recuerdo siempre con un libro entre las manos", y es que siempre tuve la necesidad de leer, de sentir a través de ellos, de vivir vidas diferentes a la mía, de aprender.

Errores cometemos todos y al momento de elegir mi carrera profesional opté por Comercio Internacional, ¿qué estaba haciendo ahí? Todavía no me lo explico, pero cuando me di cuenta de que el resto de mi vida se lo dedicaría a una profesión que no me satisfacía tomé la decisión de cambiarme a Letras.

Recuerdo la cara de incredulidad de mi mamá, la preocupación sobre mi futuro, mientras yo en lo único que pensaba era en leer y leer, clásicos, literatura contemporánea, conocer autores, descubrir épocas, aprender términos, analizar textos... Nunca imaginé que mi amor por los libros se convertiría en mi profesión, que lograr que otras personas lean se convertiría en la meta de mi vida. Siempre se puede. Hoy los libros son mis grandes compañeros, mi refugio, una ventana al mundo, los que me permiten formular preguntas y encontrar respuestas, y ¿saben una cosa? Nunca tendré suficientes.

Maura:

Yo creo que la imagen más frecuente que se viene a mi mente cuando pienso en mi papá es él con un libro en las manos. Desde que era muy niña, él llegaba temprano de trabajar para leernos un cuento, normalmente lo actuaba y nos hacía reír. Hasta el día de hoy sigo con la costumbre de desconectarme con un libro antes de dormir, sea la hora que sea, tenga el problema que tenga, pues me ayudan a pensar en otra cosa y relajarme. Recuerdo que cada 1 de enero escribíamos nuestros propósitos y la regla era leer por lo menos un libro al mes, el que nosotros escogiéramos, y cada año aumentar uno más que el anterior. Así crecí con el hábito de apuntar lo que iba leyendo. Algunas listas las perdí a través de los años, pero afortunadamente también conservo muchas, me gusta leerlas y darme cuenta de que me acuerdo de la mayoría de los libros que me han ayudado a ser quien soy hoy.

Claro que he pasado por todas las etapas, de niña me devoraba unos libros que podías leer muchas veces y siempre eran distintos, eran de misterio y tenían opciones, si querías que los personajes se perdieran te ibas a determinada página, si querías que se enamoraran continuabas en otra, y así cada vez que los leías era como leer un libro diferente. Otros años solamente leía libros de amor, me encantaba llorar y pensar que yo era la novia traicionada o de la que se enamoraba el más guapo del salón. Historias que viví y de las que aprendí como si las hubiera experimentado en carne propia, porque tal cual se sienten. Tuve mi época en que quería leer clásicos, descubrir esas historias de las que todo mundo hablaba.

Siempre me ha gustado leer y aunque estudié Diseño Gráfico, los libros siempre han sido parte mí. Por esta razón, hace poco decidí darle un giro a mi vida y dedicar todo mi tiempo a los libros.

No fue una decisión fácil y me tomó mucho tiempo atreverme a dar el salto, pero lo hice y soy la más feliz. Obviamente me ayudó mucho contar con el apoyo de mi familia, pero creo con fervor que dedicarte a algo que te apasiona a la edad que sea es un riesgo que a la larga siempre dará frutos. Hoy trabajo más que nunca y soy muy feliz rodeada de libros y de gente a la que le apasionan igual que a mí.

ASÍ COMENZARON OTROS LECTORES

"En mi familia, las letras siempre han sido parte de nosotros, sería mentir si dijera que todos leemos y somos apasionados de la lectura, pero hay algunos que aprendimos con el ejemplo del abuelo, de mi madre con su romanticismo en las novelas. La primera vez que compré un libro fue en una excursión del colegio a una feria, recuerdo el nombre: *Mi tío Teo*. Me gustó la experiencia de transportarme a una vida distinta a la mía. Con la adolescencia descubrí la crudeza de las historias, el sarcasmo combinado con la fantasía, el libro *Diablo Guardián* de Xavier Velasco me marcó. Leer te transporta, te permite imaginar el color de una habitación, el aroma que se describe. Leer le da forma a todo lo que las letras plasman."

Nelly, 38 años

"Empecé a leer porque en mi casa siempre nos leyeron cuentos en las noches, y un día quise leer y mi mamá me ayudó y luego empecé a leer mis propios cuentos, libros cortitos sin capítulos, el primer libro con capítulos que leí fue *Isadora Moon va a la escuela*. Durante la pandemia empecé a leer más porque tenía mucho tiempo libre. Mi saga favorita es Harry Potter."

Selenita, 9 años

"Empecé a leer a los cuatro años porque mi mamá y mi hermana leían mucho y quería leer mis propios libros y no quería esperar a que alguien me los leyera, mi primer libro fue *Gerónimo Stilton* y sigue siendo una de mis sagas favoritas. En la pandemia tuve mucho tiempo libre encerrado en casa y pude leer mucho, el año pasado leí más de 70 libros, disfruto mucho hacerlo porque voy a nuevos mundos, tengo nuevas aventuras. Me encanta leer."

Eduardo, 7 años

"¿Qué trajo de bueno la pandemia a mi vida? Me acercó de nuevo a la lectura, una actividad que había dejado por muchos, muchos años. En esos días y meses de encierro necesitaba encontrar un pasatiempo y fue entonces que descubrí los clubes de lectura, fue lo mejor que me pudo suceder. En este espacio, motivada por mis, ahora, grandes amigas, compartimos el amor por los libros y experiencias de vida. En lo personal, la lectura me abrió un mundo mágico lleno de posibilidades, de aprendizaje, de descubrimiento, de entretenimiento, un momento del día que es sólo para mí."

Lorenza, 62 años

"Comencé a leer a los 14 años porque tenía una amiga que leía muchísimo y me contaba de qué se trataban sus libros. Una vez me leyó uno y supe que tenía que leerlo, desde ese momento no he parado. Me gusta leer porque logro viajar y vivir cosas nuevas en un espacio tan pequeño como mi cuarto, logro aprender mucho y querer investigar sobre algunos temas, incluso han logrado lo imposible, que me gus-

te un deporte como el hockey. Me encanta porque me ena-
moro y logro odiar personajes, algunos se vuelven como mi
familia. Yo siento que no podría vivir sin los libros. ”

Valerie, 17 años

“ Para mí la lectura ha sido un gran regalo que puedo disfrutar en mi vida. Me fascina descubrir nuevos mundos,
personajes, tradiciones, emociones y mil cosas más. La
lectura nos abre un mundo lleno de posibilidades, nos enriquece en todos los sentidos. Porque la vida es como un
libro, tiene momentos tristes, alegres y muchas situaciones
diferentes, me fascina leer. ”

Ceci, 75 años

“ Me gusta la lectura porque me traslada a mundos, lugares
e historias que ignoro por completo. Empecé a leer porque
en primero de preparatoria una maestra de química nos
retó a leer un libro que se llama *El día que Nietzsche lloró*.
Fue el primer libro que leí y me gustó, y con eso se fue re-
forzando mi gusto por la lectura. El segundo libro que nos
dejó fue *El corazón de piedra verde*. Yo soy un amante de la
historia universal y de México, por lo que me enganché todavía más y entré al mundo de los libros, del cual ya nunca pienso salir. ”

Santiago, 19 años

Capítulo 1

¿LEER YOOOOO?

El verdadero analfabeto es aquel que
aprendió a leer y no lee.
Mario Quintana

¿Por qué no lees? ¿Te lo has preguntado? ¿Cuáles son tus excusas? Sobre los libros y los lectores se dicen muchas cosas, que son para nerds, para gente intelectual o con cierto nivel de estudios, para personas con pocos amigos, pero la realidad es muy distinta, los libros no distinguen entre lectores, a un libro no le importa quién eres, qué haces, a qué te dedicas, si tienes o no una carrera profesional, tu edad. Está ahí para ti, para ser tu compañero en la soledad, el motivo de tus sonrisas, tu abrazo en momentos de tristeza, tu impulso, tu refugio. Un libro es tu aliado incondicional.

Como dice Groucho Marx:
"Fuera del perro el libro es probablemente el mejor amigo del hombre, y dentro del perro, probablemente está demasiado oscuro para leer".

Un lector no necesita ser especialista en ningún tema, conocer sobre historia, ciencia, cultura general, para eso llegan los libros a nosotros, para enriquecernos de conocimiento, de emociones, de otras perspectivas y realidades.

: Yo soy un ama de casa que lee cuando puede, en la fila del supermercado, cuando espero a los niños.

 : La gente cree que leemos con café en mano, con todo el tiempo por delante y ¡no! Eso no suele pasar tan seguido.

 : Uy, sí, ojalá tuviéramos todo el tiempo que la gente cree que tenemos.

 : jajaja, yo me escondo en el baño para poder terminar un capítulo.

Para poder decir que algo no te gusta primero es necesario intentarlo, dejar a un lado los prejuicios y darle oportunidad a cualquier texto, sin importar cuál sea el tema. Tú decides. "No tengo tiempo", "los libros son muy caros", "¡qué flojera!", "leer me da sueño", y así podríamos seguir haciendo una lista de todos los pretextos que a lo largo de nuestra vida como lectoras hemos escuchado cuando intentamos acercar a alguien a la lectura, los mismos que ponemos para aplazar cualquier actividad a la que todavía no le encontramos el gusto. Sí, nosotras también hemos pasado por ahí y varios de los lectores que conocemos también.

Afortunadamente, son cada vez más las personas que descubren que un libro es la puerta de entrada a otro mundo, a muchos mundos, las posibilidades son infinitas, tanto si se trata de una novela, un ensayo, poesía, cuento, textos académicos, historia, entre tantos y tantos géneros que tenemos por delante.

Las historias se han contado desde siempre, esto no es nada nuevo, se han transmitido de boca en boca a lo largo de cientos de años, desde los griegos con sus mitos y leyendas, las tragedias y comedias que se representaban a través de personajes, lo que hoy conocemos como teatro, y los juglares en la Edad Media. Hoy mantenemos esa tradición en los relatos que les contamos a los niños antes de dormir o en una charla entre amigos. Las historias se han pintado, narrado, impreso, actuado y han pasado de generación en generación desde el inicio de la humanidad.

En la actualidad, es muy fácil encontrar estas historias en diferentes medios, el cine es una muestra de ello. ¿Cuántas veces hemos visto una serie o película basada en algún libro y no tenemos idea de dónde salió? Lo que vemos es la interpretación del director o guionista, ni siquiera la del escritor, ya que cada lector hace suya la historia, a los personajes, el ambiente. De acuerdo con sus experiencias, imagina cosas distintas y si es posible se identifica con lo que lee. Los libros nos permiten vivir una vida que, de otra manera, nunca sería posible. Con ellos viajamos por el mundo y a diferentes épocas, por ejemplo, de qué otra forma podrías ser parte de la corte inglesa durante la Edad Media, volar en un coche mágico, enamorarte de alguien que creías imposible, ser un detective y resolver los casos más complejos, vivir en lugares que no existen. Los libros te dan la oportunidad de entender quién eres, de sentir a través de los personajes, te hacen llorar, reír, provocan escalofríos, miedo, amor. Desarrollas conceptos como lealtad, amistad, empatía, sin darte cuenta vivirás a través de las páginas y de sus protagonistas.

Este primer capítulo va dirigido a ti, para que a través de estas páginas encuentres los motivos que hagan que te enamores de la lectura, para quitarte los prejuicios, que cambies tu vida y cuando llegues a la última página de este libro, digas: "Soy lector".

Leer es la única manera de experimentar en cabeza ajena.

10 TIPS PARA EMPEZAR A LEER

1. Para disfrutar de la lectura, primero recuerda que nunca es una obligación.

2. Decídete a intentarlo. Ponte una meta de tiempo, 5, 10 o 30 minutos, lo importante es que seas constante. ¡Tú puedes!

3. Encuentra tu libro, esto puede parecer muy fácil y lo es, siempre y cuando tengas claro qué temas te interesan, qué género puede ser más afín a tus gustos, que no te preocupe si lo que quieres es algo que los demás no consideran interesante, el que va a leer eres tú, así que date permiso de hacerlo sobre aquello que te apasione, es tu tiempo, es tu elección.

4. Elige el mejor momento para leer, encuentra un espacio con buena luz, prepara tu bebida favorita, crea la atmósfera adecuada y pon en silencio el celular. Que el tiempo que decidas hacerlo sea sólo para ti.

5. Convierte tus visitas a la librería o biblioteca en una actividad divertida, ve solo o lleva a tu familia o amigos, recorre los pasillos, escoge sin prisa, pregunta sobre el tema que quieras leer a los libreros o bibliotecarios que trabajan ahí y están dispuestos a ayudarte.

(6) Elige un libro pequeño. Si alguna vez te recomiendan comenzar a leer con *El Quijote*, déjanos darte una sugerencia: ¡no lo hagas! Comienza dando pequeños pasos, de menos a más. Libros cortos para que puedas cumplir tu meta de terminar un libro, tengas un sentido de logro y no lo abandones a la mitad.

(7) Incorpora la lectura a tu vida diaria. No te olvides de los audiolibros, más adelante te hablaremos de ellos.

(8) Sigue cuentas que recomienden libros.

(9) Siempre ten a la mano un libro, nunca sabes en qué momento te puede salvar.

(10) Platica sobre lo que leíste a quien quiera escucharte, no hay nada más gratificante que comentar, compartir la emoción de la lectura recién terminada.

: ¿Se verá muy mal que recomiende mi cuenta?

 : Igual y sí, pero si quieres yo lo hago. Hay una mujer en Instagram, carismática y con muy buenas reseñas: @mauraterecomiendaunlibro.

 : Yo sigo a una, que me cae bastante bien y sí le sabe, se llama @el_librero_de_valentina, ¿la conoces?

Capítulo 2

EN GUSTOS SE ROMPEN GÉNEROS

¿Me preguntas por qué compro pan
y libros? Compro pan para vivir y libros para tener
algo por lo que vivir. La lectura es como la sal,
no alimenta, pero da sabor al pan.

ALEJANDRO MOS RIERA

En el mundo de la literatura una de las cosas más importantes son los géneros. Seguro te estarás preguntando qué son y cómo puedes distinguirlos, pues bien, éstos nos permiten clasificar las lecturas de acuerdo a sus características, algunas son más comunes que otras, pero ninguna menos importante. Conforme tu hábito lector se consolide, descubrirás cuál es el que más te gusta, aún así es importante tener un acercamiento y explorar diferentes textos.

Dato importante: Aristóteles, en su obra *Poética*, fue el primero en establecer las características de cada uno de ellos.

Los géneros principales son:

❋ Lírico o poesía
❋ Narrativo o novela, cuento
❋ Dramático, mejor conocido como teatro

POESÍA

Es el género por excelencia para transmitir emociones de una manera armónica, utilizando un lenguaje bello, con rimas para mantener la cadencia y musicalidad. Los poetas suelen jugar con las palabras e inventar algunas para enriquecer el texto.

Aquí te dejamos algunos ejemplos: *Antología poética* de Mario Benedetti.

Encuentra más recomendaciones aquí:

DRAMÁTICO

Mejor conocido como teatro, es aquel en el que, a través de diálogos, actores y actrices, cuentan una historia. Autores como los griegos Sófocles y Eurípides, e incluso el mismo Shakespeare, han logrado transportar a lectores y espectadores a otros mundos y otras épocas. Los temas son variados, trágicos o cómicos, pero algo importante que debes saber es que durante la Edad Media era la forma ideal de llegar a todas las personas que no tenían acceso a los libros y ¡que además no sabían leer!

Para que conozcas un poco sobre el género te recomendamos *Don Juan Tenorio* de José Zorrilla.

Encuentra más recomendaciones aquí:

NOVELA

Aquí nos detendremos un poco, ya que existen varios subgéneros. Creemos que los que a continuación te mencionamos pueden ser los más interesantes, ¡confía en nosotras!

ROMÁNTICO

Te enamoras y te vuelves a enamorar. Lo principal en este género es lograr que el lector derrame miel, suspire con la historia de los protagonistas, descubra traiciones, desengaños, piense en amores posibles e imposibles, en fin, que termine el libro suspirando o llorando a moco tendido.

Ejemplo: *La última carta de amor* de Jojo Moyes.

Encuentra más recomendaciones aquí:

"De vez en cuando, en medio de una vida ordinaria,
el amor nos da un cuento de hadas."
ANÓNIMO

 : ¿Como cuánto tiempo tardas en enamorarte, Valentina?

 : Uno o dos capítulos.

TERROR/SUSPENSE/THRILLER

Casos sin resolver, misterios que te ponen la piel de gallina, asesinos, detectives, policías, monstruos, giros inesperados en la trama, muertes, atmósferas oscuras. Si te gustan estos temas y puedes dormir sin pesadillas, ¡éste es tu género!

Ejemplo: *El instinto* de Ashley Audrain.

Encuentra más recomendaciones aquí:

"Los mejores crímenes para mis novelas se me han ocurrido fregando platos. Fregar los platos convierte a cualquiera en un maniaco homicida de categoría."
AGATHA CHRISTIE

Fantasía/ciencia ficción

¡Hey!

¡Aquí!

Si te apasionan los mundos que existen sólo en la imaginación, lo mágico, los relatos sobre brujas, fantasmas y castillos encantados, los avances tecnológicos, los viajes en el tiempo, tenemos algo que decirte, este género es para ti.

Ejemplo: *El nombre del viento* de Patrick Rothfuss.

Encuentra más recomendaciones aquí:

"Aquellos que creen en la magia
están destinados a encontrarla."

Anónimo

Histórico

Como su nombre lo dice, se basa en contextos reales, aunque el autor se permita inventar personajes y situaciones, pero siempre dentro de un momento que sí sucedió. Con este género se abre una ventana para aprender sobre sucesos de los que muchas veces ¡no tenemos ni idea!

Ejemplo: *Roma soy yo* de Santiago Posteguillo. Encuentra más recomendaciones aquí:

"La parte más importante de la educación del hombre
es aquella que él mismo se da."
WALTER SCOTT

NOVELA GRÁFICA

Es un formato, muy popular actualmente, que surge a partir de la unión del cómic y la novela. Cuenta una historia a través de ilustraciones, los diálogos son breves, no suele ser tan descriptivo, ya que esto es compensado con la parte visual. Pueden ser adaptaciones de títulos muy conocidos o creaciones originales, como *Persépolis*.
Encuentra más recomendaciones aquí:

"Si Shakespeare y Miguel Ángel estuviesen vivos
hoy en día, y si ellos decidiesen elaborar un cómic,
Shakespeare podría escribir el guion y Miguel Ángel

dibujarlo. ¿Alguien pondría en duda que esto no sería una forma de hacer arte?"
STAN LEE

CROSSOVER

¿Has escuchado este término? Se les llama así a los libros que fueron escritos, en un inicio, para jóvenes, con situaciones propias de la edad, sin embargo, terminan siendo para un público mayor, ya que abarcan pensamientos más profundos con los cuales se identifican sin importar los años que tengan.

 : *La ladrona de libros*, Los juegos del hambre, *Tierra.*

 : Extraordinario, Harry Potter.

CLÁSICOS

Es un texto que trasciende en el tiempo, no importa cuándo haya sido escrito, la historia se mantiene vigente y a través de ella vemos, en muchos aspectos, la realidad que vivimos. Pasan siglos y siglos y no dejan de ser leídos con la misma emoción. Dependiendo de la época reflejan características sociales, políticas y valores universales.

Ejemplo: *Sentido y sensibilidad* de Jane Austen.

Encuentra más recomendaciones aquí:

"No se leen los clásicos por deber o respeto,
sino sólo por amor."

ITALO CALVINO

TEST PARA ENCONTRAR TU GÉNERO LITERARIO FAVORITO

1. ¿Qué buscas en un libro?

    a) Viajar, vivir en otra época, conocer costumbres diferentes.

    b) Ir a mundos desconocidos, lugares que no existen.

    c) Sentir emoción, adrenalina.

    d) Conocer al amor de tu vida.

    e) Algo que deje huella.

2. ¿Cuáles son tus películas favoritas?

    a) Las que tienen vestuarios de época.

    b) Las que te hacen pensar que todo es posible.

    c) Las que hacen que te muerdas las uñas.

    d) Las que te hacen llorar.

    e) Las que están en blanco y negro.

3. ¿Cuál es tu pasatiempo favorito?

    a) Visitar museos.

    b) Ir a fiestas de disfraces.

    c) Practicar deportes extremos.

    d) Escribir cartas.

    e) Coleccionar objetos antiguos.

4. Si pudieras pedir un deseo, ¿cuál sería?
   a) Construir una máquina del tiempo.
   b) Tener poderes mágicos.
   c) Capturar a los malos.
   d) Hacer que la persona que te gusta se enamore perdidamente de ti.
   e) Ser inmortal.

5. Define tu personalidad.
   a) Curioso
   b) Soñador
   c) Intrépido
   d) Sentimental
   e) Alma vieja

✳ Si la mayoría de tus respuestas fue "**A**", déjanos decirte que tu género es la novela histórica.

✳ ¿La mayoría de tus respuestas fue "**B**"? ¡Prepárate!, porque el género al que eres más afín es la fantasía.

✳ Si "**C**" fue tu opción más recurrente, no conoces el miedo y el terror/suspense/thriller es ideal para ti.

✽ Si suspiraste cada vez que elegiste la letra "**D**", creo que no tenemos que decirte que te enamorarás mil veces con el romance.

✽ Si escogiste más veces la letra "**E**", estás en lo correcto, te gustan los clásicos.

Ahora que conoces un poco de cada uno de los géneros, déjanos darte un consejo: atrévete a leer de todo, explora, ésa será la única manera de descubrir qué te gusta y qué no, busca, investiga, encuentra temas que te sorprendan, ábrete a nuevas experiencias lectoras, y si lo haces, nos cuentas cómo te va. *Sal de tu zona de confort.* Te retamos a que la próxima vez que visites una librería explores aquellos pasillos por los que nunca has caminado.

¡Sal de tu zona de confort! Lee aquello que nunca leerías.

Capítulo 3

¿Y AHORA QUÉ LEO?

Google puede darte 100 000 respuestas.
Un bibliotecario puede darte la correcta.

NEIL GAIMAN

Es probable que hayas escuchado que un libro te encuentra cuando más lo necesitas, cuando no sabías que lo buscabas, porque los libros van llegando a ti en el momento oportuno. Conforme lees un libro éste te lleva a otro, lo encuentras en la mención que hace un autor dentro de su obra, o alguien te lo sugiere. De esta manera comienzas a descubrir otros universos, otros géneros y otros autores.

Te dejamos estas recomendaciones para que crezca tu universo de intereses y lecturas:

1. Una opción es visitar las librerías y bibliotecas. Pregúntales a los libreros o bibliotecarios cuáles son las novedades, qué pueden recomendarte después de que les hayas platicado lo que buscas y con calma recorre todos los pasillos, lee muchas contraportadas y deja que el libro te escoja a ti.

2. Busca entre tu familia y amigos, en redes sociales, con otros lectores, te sorprenderá descubrir que estás rodeado de una sociedad secreta con mu-

chos de ellos, serán tus guías para llegar a otros títulos, únete y ayúdanos a hacer crecer esta maravillosa comunidad.

3. Más de una vez has visto una película inspirada en un libro y tú ¡no lo sabías! Antes de lanzarte al cine o pasarte todo el fin de semana viendo Netflix, investiga si aquello que vas a ver es una adaptación. Por experiencia te lo decimos, siempre será mejor el libro, aunque existen sus excepciones.

¿Sabías que eran adaptaciones? Si te gustó la película te recomendamos que leas los libros para completar la experiencia.

✳ *Diario de una pasión* de Nicholas Sparks.
✳ *Yo antes de ti* de Jojo Moyes.
✳ *Llámame por tu nombre* de André Aciman.
✳ *El padrino* de Mario Puzo.
✳ *Trainspotting* de Irvine Welsh.
✳ *¡Shrek!* de William Steig.
✳ *La historia interminable* de Michael Ende.
✳ *Blade Runner* de Philip K. Dick.
✳ *El señor de las moscas* de William Golding.
✳ *El silencio de los inocentes* de Thomas Harris.

 : Hay mucha gente a la que le gusta ver la película o la serie después de haber leído el libro, a mí no, porque los lugares y los personajes que yo imaginé son muy diferentes y me decepciona ver que no son como los pensé, los míos siempre son mejores y más guapos.

: Me pasa lo mismo, además no logran transmitir todo el sentimiento que se genera cuando lees, en las adaptaciones no logras percibir olores, sabores, lo que pasa por la mente de los personajes.

Ustedes ¿qué prefieren?

* ☆ Que todo sea un producto de tu imaginación.

* ☆ Ver la interpretación de otra persona.

4. Sigue tu corazonada, ¿te gustó la portada, pero no sabes nada del libro? ¡Aviéntate!

¿Te emocionaste mientras leías la contraportada? ¡Dale una oportunidad!, ¡puedes llevarte una gran sorpresa!

En ocasiones no tendrás a quién preguntarle qué libro leer, que eso no te desanime, si quieres hacer de la lectura un estilo de vida, busca hasta encontrar el libro ideal para ti.

Capítulo 4

SÁCALE JUGO A TU EXPERIENCIA LECTORA

*Cuando todo lo demás falla,
renuncia y ve a la biblioteca.*
<small>STEPHEN KING</small>

CONVIERTE LA LECTURA
EN TU TERAPIA

✤ No todos se atreven a subrayar los libros (por ejemplo: Maura) y otros los garabatean (por ejemplo: Valentina), si aún estás indeciso, los post-its son una buena opción para marcar aquello que te gustó, alguna frase, idea, por si algún día quieres regresar, te sea más fácil encontrarlo, incluso hay quienes en fichas bibliográficas hacen pequeños resúmenes, pero si no quieres hacerlo ¡también está bien! "Personaliza tu experiencia" (© *by* Maura).

✤ Para que tu lectura sea completa, investiga sobre el autor, dónde nació, a qué se dedica, de dónde obtuvo la información, otras obras que haya escrito... en ocasiones de esta investigación surgen nuevos títulos que pueden ser de tu interés.

✤ Administra tu tiempo de lectura según tus necesidades, ya sea que te levantes muy temprano y leas algunas páginas antes de arrancar tu día o que antes de dormir te desconectes del mundo con una buena historia.

 : Después de muchos años y práctica, puedo leer varios libros a la vez, y para terminarlos me pongo como meta cierto número de páginas por día.

 : Yo igual, pero sí necesito que sean de diferentes géneros para no enredar las historias.

✳ Desde hace unos años muchos autores se toman el tiempo de crear una *playlist* para sus obras, algunas pueden acompañarte durante la lectura, otras te darán una idea de la música que inspiró al autor.

Busca en Spotify: *Tierra* de Eloy Moreno, *El último en morir* de Xavier Velasco, *El cuerpo eléctrico* de Jordi Soler, *Mi negro pasado* de Laura Esquivel, *Fuimos canciones* de Elisabet Benavent.

LO QUE NADIE SE ATREVE A DECIR

✳ Si un libro no te gustó, ¡déjalo! Cuando te das cuenta de que la lectura es forzada, no es porque el libro sea malo, tal vez no es su momento, ya llegará el tiempo en que lo retomes, y si no, tampoco pasa nada, comienza otro. Recuerda: *la lectura es tu terapia, no tienes por qué sufrirla.*

✳ Si un día o durante una temporada no tienes ganas de leer, recuerda que no es una obligación, es un placer, no dejarás de ser lector por tomarte un *break*. Aprovecha el tiempo para hacer otras cosas, ver series, películas, salir con tus amigos, descansar, y cuando sientas que estás listo para intentarlo de nuevo escoge un libro ligero, corto, fácil de digerir. Te recomendamos elegir cuentos, hacer la relectura de un libro que te haya encantado, buscar nuevos títulos, poco a poco retomarás tu ritmo habitual. Esto también se conoce como bloqueo lector y nos ha pasado a todos.

✳ Que nadie te diga qué tienes que leer. No porque no leas a Shakespeare no eres buen lector, lee lo que a ti te guste. Muchas personas creen que la literatura es para gente con cierta educación o nivel socioeconómico, nada más falso que eso. LEER ES LEER.

 : En un principio leí cosas que hoy no leería, pero cómo me sirvieron para agarrar ritmo.

 : Sí, claro, todos nos arrepentimos en algún momento de alguna o varias lecturas, pero como en todo, nos sirvieron para aprender a elegir qué nos gusta y qué no.

LOS BENEFICIOS DE SEGUIR
TUS LECTURAS CON APPS

Muchas personas se preocupan por la velocidad de su lectura, si leen lento, si leen rápido, sienten que les hace falta trabajar en la compresión de la misma, se frustran porque tardan mucho leyendo un libro. No importa cuánto te tardes, no es una carrera de velocidad, no compites contra nadie. ¿Recuerdas cuando aprendiste a leer? Primero leías letra por letra, con el tiempo, empezaste a leer palabra por palabra, y así como en todo, la práctica hizo al maestro. ¿Fue un proceso rápido? ¡no! Poco a poco leerás párrafos completos a una velocidad mayor, lo importante es que comprendas lo que lees y no que termines un libro con la mente en blanco y sin recordar nada. No nos cansaremos de recomendarte que busques un espacio en el que puedas desconectarte, alejarte de distractores, aunque también influirá qué tan interesante sea la historia que estás leyendo.

Con el tiempo lograrás una mejor calidad en la concentración de tu lectura, no te desesperes. Registrar tus lecturas en una aplicación o por escrito te ayudará a impulsar tu sentido de logro y avance.

Goodreads es una muy buena herramienta para llevar un control de los libros que lees o quieres leer, pero si estás peleado con la tecnología, una libreta, una agenda, notas en el teléfono, un calendario, pueden ayudarte a llevar un registro personal.

No podemos dejar de mencionar el tan de moda *book journal:* un cuaderno o diario donde llevas registro de cada libro que lees. Puedes personalizarlo con frases, recortes, *stickers*, diferentes tipos de letras, colores para resaltar aquello que más te gustó. Es una buena manera de conservar pensamientos y poder regresar a ellos después de algunos años.

Bookly te da la posibilidad de establecer metas diarias, mensuales o anuales, registrar el número de páginas y horas leídas, promediar tu velocidad de lectura. Además, te permite calificar libros, guardar citas y te pone en contacto con otros lectores.

BookBuddy es una app mucho más personalizada para llevar el conteo de los libros que estás leyendo, los datos del libro, la editorial, el número de páginas; si prestas uno que sepas a quién, a clasificarlos según tus favoritos.

 : No sé a ti, Valentina, pero a mí me cuesta muchísimo la primera página de cualquier libro, la leo y la vuelvo a leer, me cuesta meterme a la lectura.

 : A mí también, sobre todo si comienzo un título inmediatamente después de haber terminado otro.

 : De hecho hay libros que necesitan un duelo, algunos de hasta dos o tres días para digerirlos.

: ¿Y luego no te pasa que al mes hay algunos que ya olvidaste y otros que nunca se salen de tu cabeza?

 : ¡Chócalas!

La lectura es tu terapia, no tienes por qué sufrirla.

Capítulo 5

LO QUE VIENE DESPUÉS

Otros se orgullecen por lo que han escrito,
yo me orgullezco por lo que he leído.

Terminas de leer un libro ¿y luego?, ¿qué haces con todo lo que se queda dentro de ti?, ¿con quién lo compartes? Muchas veces tus amigos cercanos no leen y a ti te urge sacar de tu sistema todo lo que leíste y te provocó, te haya gustado o no, es como hacer un proceso de catarsis, para eso existen los clubes de lectura.

¿QUÉ SON LOS CLUBES DE LECTURA?

Los clubes de lectura son grupos de personas que comparten intereses y que, después de mucho buscar, se encuentran. Es un espacio para hablar de todo lo que la lectura les provoca, no se necesita ser un crítico especializado o un lector profesional, todos pueden compartir y es tan válida su opinión como la de cualquiera.

Estas dinámicas son grandes aliadas para mantener un ritmo constante de lectura, ya que se establecen metas periódicas y para poder participar es necesario haber leído.

: En estos espacios se forman lazos de amistad muy profundos porque gracias a los libros a veces hablamos de temas que no platicarías en un café.

 : Uno confiesa cosas que nadie más sabe ante gente a la que acabas de conocer.

Cada club de lectura funciona de manera distinta dependiendo de los intereses del grupo y del moderador, aquí algunos ejemplos que te pueden servir para que tú comiences el tuyo.

1. Existen grupos de lectura donde el moderador es el único que habla, mientras los participantes escuchan el análisis del libro leído. Esta persona se encarga de investigar sobre el contexto histórico, las estructuras narrativas (cómo está escrito), la vida del escritor, el lenguaje, la trama, los personajes y otros aspectos técnicos. Es un formato didáctico, como estar en una clase.

2. Existen otras modalidades en donde todos leen el mismo libro y todos participan, cada integrante da su opinión y defiende su punto de vista. Es conveniente que siempre haya un moderador para mantener el orden y que todos puedan participar, asegurar el respeto y equilibrar el tiempo de participación de cada uno. En este modelo de club todos aportan, sean expertos o no, de esa manera se enriquece la experiencia lectora. Cada persona hace una lectura diferente dependiendo de su experiencia de vida, edad o contexto.

: El modelo en que todos participan es el que a mí me gusta, es interactivo, es dinámico y en mis clubes es el que a todos les gusta.

 : Creo que la retroalimentación debe ser por parte de todos, muchas veces descubres aspectos que tú no viste y otro lector sí. El chisme se pone buenísimo y nunca dejas de aprender.

3. Existen algunos en donde cada participante lee un título distinto, todos comentan acerca del que eligieron y los aspectos que más les llamaron la atención, al final se realiza un intercambio de libros. Se recomienda que esta modalidad se desarrolle de manera presencial. La ventaja de este modelo de dinámica es la oportunidad de adquirir un solo libro y poder leer muchos.

4. Dependiendo del gusto de los lectores, existen grupos que se enfocan en un determinado género o autor. Algunos sólo leen romance, otros novela histórica, otros clásicos y muchos más cambian de género para leer de todo un poco.

TIPS PARA COMENZAR
TU CLUB DE LECTURA

✧ Busca a tus posibles participantes, suena fácil y lo es si sabes dónde buscar. Pregunta entre tus amigos y familiares, publica un anuncio en Facebook, Instagram o Twitter. Algunas librerías fomentan estas dinámicas, pregunta sobre ellas.

✧ Ya que aparezcan los interesados, decide si te conviene hacerlo de manera presencial o remota (Zoom, Teams, Telegram). No te desesperes, al principio puede costar trabajo, deja que se corra la voz y que poco a poco más personas se sumen.

✧ Determina la periodicidad. Pueden ser reuniones semanales, quincenales o mensuales, esto dependerá de la disponibilidad de los participantes. Los libros se dividen por capítulos dependiendo de la frecuencia de las reuniones, por ejemplo: si es cada 15 días, para la primera reunión leen la mitad del libro y a la sesión final todos deberán llegar con la lectura terminada.

✧ Haz una encuesta inicial para saber qué géneros son los que más les interesan. Es difícil darles gusto a todos, pero lo maravilloso de estas dinámicas es acercarte a títulos que nunca pensaste que leerías y que resultan un gran descubrimiento; salirte de tu zona de confort te llevará a descubrir autores, títulos y géneros a los que tú solo nunca te hubieras acercado.

REGLAS BÁSICAS DE SUPERVIVENCIA DE UN CLUB DE LECTURA

1. Compromiso. No falta quien nunca lee, no llega a las metas establecidas y no asiste a las reuniones. Esto puede ser muy frustrante para los demás, por lo que te recomendamos que quien acumule cierto número de faltas, ¡bye!

2. Si el libro elegido se te antoja o no, recuerda que adquiriste un compromiso, cumple.

3. Respeto. Por ningún motivo se aceptan ofensas. Todas las opiniones son válidas y merecen ser escuchadas.

4. Discreción. Lo que se platica en el club se queda en el club. Como lo mencionamos antes, se convierten en espacios de terapia y hasta en confesionarios de situaciones muy personales, y con la misma confianza con la que se platican, deben quedarse entre quienes estén presentes.

5. Lo que buscamos cuando comenzamos a leer es que la historia nos atrape, que nos mantenga enganchados de principio a fin, nos enfocamos en la emoción que provoca.

Con el paso del tiempo uno evoluciona como lector. En ocasiones leer en solitario impide que nos demos cuenta de otros aspectos (estructuras narrativas, lenguaje); cuando lees en grupo aprendes a apreciar otras características o detalles de la obra.

EN QUÉ DEBES DE FIJARTE MIENTRAS LEES

Los personajes: Toma en cuenta que éstos sean congruentes en su forma de actuar y pensar dependiendo del entorno en el que se desarrollen; habrá algunos con los que puedas empatizar y otros a los que odies, como todo en la vida. Hay personajes más complejos, por ejemplo: en algunos casos el autor profundiza tanto en la psicología que resulta difícil entenderlos, por otro lado, en los cuentos infantiles sus características son más sencillas.

Estructura: Cada escritor tiene una forma distinta de narrar. Algunos aspectos que te sugerimos tomes en consideración son:

✳ Narrador en primera persona: Es cuando tú, lector, te conviertes en parte de la historia. Sientes todo lo que vive el personaje que narra como si te ocurriera a ti, puede o no ser el protagonista. Te involucras en los hechos, en las acciones de quien está contando.

"Se me eriza la piel. Estoy sola y hay un intruso. Siento el corazón latiéndome en la garganta. Me viene el impulso de gritar, pero de inmediato me contengo: al revés, Ofelia. Tenés que quedarte en silencio."

Lo mucho que te amé, EDUARDO SACHERI

✳ Narrador en segunda persona: Un recurso poco común. Puede resultar una lectura confrontante, ya que el autor se dirige a través del tú/usted, por lo que el lector, en muchas ocasiones, puede sentirse aludido con lo que está sucediendo.

"Lees ese anuncio. Una oferta de esa naturaleza no se hace todos los días. Lees y relees el aviso. Parece dirigido a ti, a nadie más."

Aura, CARLOS FUENTES

✳ Narrador en tercera persona: Te permite verlo todo desde afuera, saber lo que piensan los personajes, puedes tener una visión panorámica de todo lo que ocurre, incluyendo lo que sucede en otro lugar o tiempo. Este narrador participa poco o nada dentro de la trama.

"El silencio era inquietante. Avanzó por la nieve que le llegaba a las rodillas, abrió la cancela rota y alcanzó el camino cubierto de blanco."

El ruiseñor, KRISTIN HANNAH

Cronología: La historia puede ser contada de diferentes formas, de manera lineal o con saltos en el tiempo; para que quede más claro, un capítulo en presente, otro en pasado hasta que las historias se unan.

Descripciones: Algunos escritores describen de qué color era el popote del vaso de la mesa de la esquina del restaurante, otros simplemente te dan el nombre del restaurante dejando todo a tu imaginación. Cada autor tiene un estilo. Las descripciones extensas pueden resultar tediosas, incluso aburridas, pero hay para todos los gustos, incluso lectores que aman conocer los detalles, y por otro lado escritores que no te dicen ni el nombre de los personajes.

Ritmo: Muy sencillo, es la velocidad con la que se narran los acontecimientos dentro de un libro. Un buen ritmo es aquel en el que suceden muchas cosas en un lapso corto de tiempo y, por el contrario, un ritmo lento es aquel más descriptivo, en el que pasan y pasan las páginas y apenas suceden las cosas.

Final: Entramos a un tema polémico, ¿final abierto o cerrado? Un final cerrado es cuando el autor no deja cabos sueltos ni nada a la imaginación, sabe cómo termina cada personaje y cada situación, el lector puede o no quedar satisfecho con el cierre de la historia. El final abierto es cuando el autor, con toda intención, deja el cierre de la historia a la interpretación de cada lector.

Y TAMBIÉN...

Internet es una gran herramienta para llegar a otros lectores de tu país y de todo el mundo, para crear comunidades lectoras. Es un gran medio para encontrar artículos periodísticos sobre publicaciones recientes, opiniones de expertos y entrevistas al escritor. No olvides buscar en las páginas de las editoriales y librerías, normalmente tienen recomendaciones semanales, éxitos literarios, ofertas, presentaciones y firmas de autores.

Toma en cuenta que en las redes sociales hay mucha gente buscando crear un espacio en donde compartir lo que lee. Así como buscas el nombre de tus influencers, artistas y cantantes favoritos, también, puedes encontrar autores, géneros, reseñas del título que te interese, ver cómo otros lectores e incluso escritores los califican, cuántas estrellas le dan, qué les gustó y qué no les gustó, para que tú puedas decidir si es un libro para ti o no.

¿Te imaginas que tu autor favorito comente, le dé *like* o comparta tu reseña?

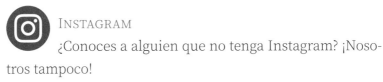 INSTAGRAM
¿Conoces a alguien que no tenga Instagram? ¡Nosotros tampoco!

A los creadores de contenido inspirado en libros en esta red social se les conoce como *bookstagrammers*, ¿sabías eso? Son lectores que a través de una foto o video comparten su opinión sobre determinado título, que puede ser positiva o negativa.

Hay cuentas que hacen en vivo con autores, ¡como nosotras!, entrevistas, dinámicas con otros lectores o entre *bookstagrammers*.

Utiliza el hashtag de palabras genéricas, por ejemplo, #libros, #librosrecomendados, #reseñasliterarias, #queleo, #efectovalentina, #yoleoconmaura, no te imaginas la cantidad de opciones que existen, explora y encuentra la que sea más afín a tus gustos.

FACEBOOK

Aunque tal vez la comunidad no es tan grande como en Instagram o YouTube no la podemos dejar fuera, existen muchos grupos que se especializan en diferentes géneros, algunos son privados, otros públicos, clubes de lectura, foros de discusión, hay transmisiones en vivo por parte de editoriales y librerías. Recuerda que el algoritmo sabe todo de ti y te recomendará sobre el tema.

TIKTOK

Aunque no lo creas, en esta red social ¡también se habla de libros! Quizá no encontrarás grandes reseñas debido al límite de tiempo, pero opciones de títulos ¡muchísimos!

Los creadores de contenido de TikTok buscan maneras originales y divertidas de acercarte a diferentes autores, historias y géneros.

YOUTUBE

M : Valentina, tú que eres *booktuber*, explícanos.

Booktube es el nombre de la comunidad literaria en You-Tube, lectores buscando llegar a otros lectores y contagiar el amor por los libros, algunos especializados en ciertos géneros, para todas las edades, incluso hay quienes hacen análisis exhaustivos de determinada obra o autor, lecturas en voz alta, cuentacuentos. Esto te permite escuchar a otras personas hablar sobre algún título que te interese. La decisión, al final, es tuya.

g GOODREADS

Es la red social más importante de libros en el mundo, que se ha convertido en un parámetro para elegir lecturas. El libro y el escritor que quieras se encuentran ahí. Te da la posibilidad de buscar títulos, leer de qué trata la lectura, ver las citas que otros lectores destacan, la biografía del escritor, sumarte a clubes de lectura, leer reseñas, organizar tus lecturas, ponerte metas, llevar un conteo de lo que vas leyendo y tus avances, todo esto a la vista de otras personas. Año con año los seguidores de Goodreads premian los mejores libros de cada género, lo que te dará una idea de cuáles son las lecturas que están en tendencia.

Uno de los valores de esta red social es la posibilidad de calificar los libros mediante estrellas, la opción mínima es una estrella, libro que no te gustó, y la máxima es de cinco estrellas, cuando te voló la cabeza. Toma en cuenta que esto es subjetivo, ya que cada lector tiene un criterio diferente para calificar, algunos regalan las cinco estrellas y otros son más exigentes, la ventaja es que te da un parámetro para saber qué tan bueno es un título según la opinión de lectores como uno.

Goodreads te permite establecer metas anuales de lectura, tú decides dependiendo de tu ritmo. Imagina que eres corredor, ¿comenzarías por un maratón?, no, ¿verdad? Lo mismo pasa aquí, ponte metas realistas, que sepas que puedes cumplir, nadie te está correteando y por ningún motivo se trata de leer por presión. Habrá semanas en las que leas más, otras menos, y algunas ¡nada! Libros con los que avances rápido, libros muy lentos, pero si tienes esta meta será más fácil que no pierdas tu objetivo.

Acá entre nos, a los lectores les encanta presumir cuántos libros leyeron al año.

¡Ojo!, te aconsejamos que te guíes por las reseñas que tengan fundamento, que argumenten con bases sólidas, que te hablen de la construcción de los personajes, si la historia mantiene un buen ritmo, si el tema está bien abordado, que no estén basadas en el gusto personal pues no todos tenemos las mismas preferencias. Todos vamos aprendiendo en el camino.

¿QUÉ ES UNA RESEÑA?

Una reseña es un comentario sobre un texto de cualquier género. Se busca, principalmente, compartir el tema central de la obra haciendo una breve descripción o análisis.

Existen dos tipos de reseña:

☀ *La objetiva:* Aquella donde no interviene la opinión del lector, se limita a realizar un análisis profundo de la obra, que incluye datos sobre el autor, el contexto en que fue escrita, el tema más importante. Puede desmenuzarse la construcción de los personajes, la estructura narrativa, el lenguaje, entre otros.

☀ *La subjetiva:* En este tipo de reseña encontramos los motivos por los que le gustó al lector, se trata de una apreciación personal sin tomar en cuenta más aspectos.

Partes que componen una reseña

- Título
- Información sobre el autor
- Información sobre el contexto
- Análisis
- Conclusión

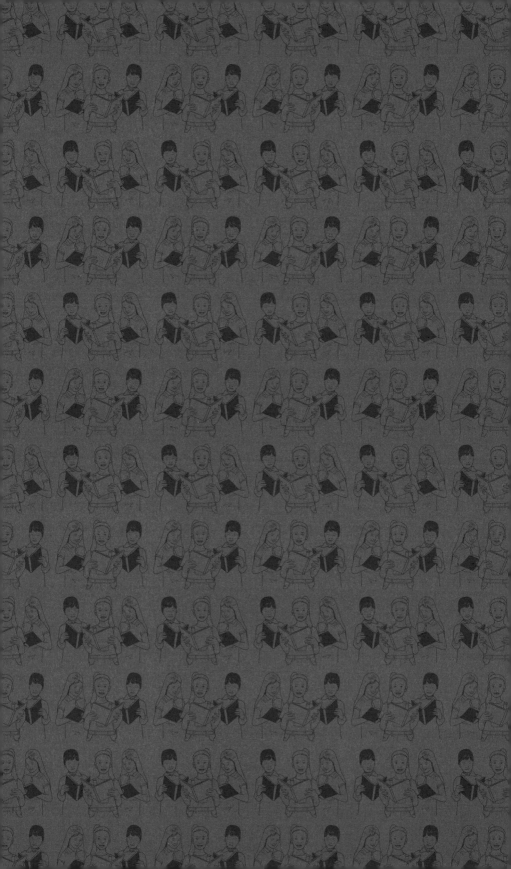

Capítulo 6

¿CÓMO FOMENTAR LA LECTURA EN LOS NIÑOS?

Mantén a los niños al alcance de los libros,
cuanto más se lee menos se imita.

JULES RENARD

En muchas ocasiones las personas nos preguntan cómo pueden acercar a sus hijos a la lectura. Siempre hemos pensado que el ejemplo es la base de todo, si tu hijo/a te ve con un libro entre las manos es muy probable que por imitarte quiera hacer lo mismo, ése es el momento oportuno para poner libros a su alcance, para contagiarles el amor por la lectura.

Considera que sentarte con tus hijos y sobrinos a leer es un momento de convivencia, que crea vínculos y abre el espacio para tocar temas en ocasiones difíciles de abordar. Recuerda hacer de esta experiencia algo divertido para que lo esperen con ilusión y no como algo impuesto.

TIPS QUE PUEDEN SERVIRTE:

❖ Para los más chiquitos elige libros que sean visualmente atractivos, que tengan sonidos, texturas, que sean interactivos. Cuando los narres cambia los tonos de voz, actúa y permite que ellos participen, que interrumpan. Busca cambiar la rutina, cuéntaselos debajo de las sábanas y alumbrando con una lámpara, disfrázate. Ahí es donde comienza el amor por los libros.

❖ A los niños más grandes llévalos a la librería como si se tratara de una aventura, permite que exploren y que elijan el que ellos quieran y que sea adecuado para su edad. Si ya leen solos, déjalos, pero si es necesario siéntate con ellos, escucha las inquietudes que una historia les provoca, pregúntales qué sienten, si algo no entienden, acláralo utilizando ejemplos de la vida diaria. Las explicaciones que obtengan se convertirán en herramientas para entender el mundo en el que viven. Que descubran que la lectura es para aprender, pero también para pasar un buen rato.

AUDIOLIBROS RECOMENDADOS:

• *Cuentos en verso para niños perversos* de Roald Dahl.
• *La vuelta al mundo en 80 días* de Julio Verne.
• Judy Moody de Megan McDonald.
• *Cuentos para entender el mundo* de Eloy Moreno.

- ❖ ¡Nunca los obligues! Habrá épocas en las que lean mucho y otras en las que no lean nada, se vale.
- ❖ Establece un horario para leer, aunque si están enganchados, sé flexible.
- ❖ Mantén los libros al alcance de su mano.
- ❖ Permite que los niños intercambien libros con sus amigos y que los comenten. Así comienzan los clubes de lectura.
- ❖ No importa si son 10 o 15 minutos al día, dejen a un lado distractores, el celular o cualquier aparato electrónico, que sea un tiempo de calidad.
- ❖ Si tienen hermanos menores, invítalos a que les lean, ambos se entretendrán y se fortalecerá la relación entre ellos.
- ❖ Motívalos a que lleven un registro de los títulos que leen. Si alcanzan una determinada meta establecida entre ustedes, otorga una recompensa, puede ser con otro libro o tomar un helado un día entre semana.
- ❖ Nunca le digas que no a la compra de un libro o a visitar una librería o biblioteca.
- ❖ Escuchen audiolibros mientras van en el coche, pueden comentarlos entre todos.

 : A mis hijos, cuando eran chiquitos, les leí el mismo cuento tantas veces que se lo aprendieron de memoria.

 : A mis hijos igual, de hecho nos reíamos mucho porque les cambiábamos el nombre a los personajes por el de personas que conocíamos. Ni te cuento quiénes eran las hermanastras.

Capítulo 7

FORMATOS DE LIBROS

Se puede cantar, hablar, reír,
llorar y gritar en silencio.
A eso se le llama leer.

ANÓNIMO

LIBRO IMPRESO

Objeto valioso que puedes oler, tocar, doblar, forrar, personalizar, hojear. Aquel que acomodas en el librero ya sea por colores, por editorial, por tamaño, por orden alfabético, por género.

Desde hace siglos, cuando la gente no sabía leer, las historias se transmitían de boca en boca, de padres a hijos. Muchos años después surgió la imprenta, creada por Johannes Gutenberg a mediados del siglo xv, sin embargo, los libros eran únicamente accesibles para estudiosos, nobles o gente de la Iglesia. Este acontecimiento fue un parteaguas para que los libros, tal y como hoy los conocemos, llegaran a un sector más amplio de la sociedad, que se encontraba ávida de descubrir nuevas historias.

LIBRO DIGITAL

De unos años a la fecha el libro digital ha cobrado fuerza, de hecho hay quienes se atreven a decir que en algún momento el libro físico desaparecerá, sin embargo, no se trata de desplazar uno por otro, sino de sumar opciones y aprovechar la tecnología.

Es a partir de los años setenta que surge la necesidad de digitalizar los libros; intentos ha habido muchos, pero el tema se consolidó cuando, en el año 2000, Kindle, creado por Amazon, lanzó a la venta un libro digital de Stephen King, midiendo así el impacto entre los lectores.

¿CUÁLES SON LAS VENTAJAS DE LEER
EN FORMATO ELECTRÓNICO?

- ¡Son más baratos!
- Puedes llevar toda una biblioteca contigo.
- Puedes leer en la noche sin molestar a nadie y sin que te griten: "¡Apaga la luz!".
- No necesitas tener espacio para guardar libros.
- Puedes ajustar el tamaño de la letra.
- Si estás conectado a una red wifi puedes señalar una palabra y ver el significado, sin cargar el diccionario.
- Descargar fragmentos para ver si te gusta antes de comprarlo.
- Subrayar, hacer notas y enviarlas a tu correo.
- Acceso a libros en otros idiomas.
- Es más ecológico.

"Me encuentro en un momento oscuro,
pero mi Kindle tiene luz, así que estoy bien."
@PAPERPLANESUNDAYS

 : Tengo que reconocer que tres partes de mi cuerpo agradecen el formato electrónico: mis ojos, mi espalda y mi nariz.

 : ¡¿Tu nariz?!

 : Cuando me estoy quedando dormida he descubierto que duele menos un kindlesazo que un librazo.

 : Jajaja, me ha pasado muchas veces...

LOS AUDIOLIBROS

¿Es lo mismo escuchar y leer? Hablemos de esto.

No, definitivamente no, mientras que para leer uno tiene que participar de manera activa en el proceso, en el caso de los audiolibros la narración continúa estés poniendo atención o no. Es debido a eso que la gente considera que escuchar audiolibros no equivale a hacer una lectura, pues se desconcentra fácilmente y no logra retener la información, sin embargo, el ejercicio de imaginación es el mismo. Pongamos como ejemplo las radionovelas, que durante varios años se convirtieron en el principal distractor de las familias. En México, una de las primeras adaptaciones fue *Los tres mosqueteros* de Alejandro Dumas.

 : ¿Sabías que Thomas Alva Edison fue el primero en grabar un audiolibro en un fonógrafo?

 : De hecho, el propósito era que lo escucharan lectores invidentes.

¿CUÁLES SON LAS VENTAJAS DE LOS AUDIOLIBROS?

- Mientras escuchas puedes hacer otras actividades, lo que no sucede mientras lees.
- Aunque al principio cueste trabajo concentrarse, con el tiempo va mejorando, es cuestión de acostumbrarse.
- Son económicos y el catálogo, dependiendo de la aplicación, puede tener varias opciones, incluso encontrarás versiones dramatizadas o musicalizadas.
- Estimulan la imaginación.
- Son muy relajantes.

 : A mí me encanta escuchar audiolibros mientras manejo, riego o cocino.

 : Yo tengo una bocina en la regadera para escucharlos mientras me baño, jaja.

Aplicaciones para comenzar
a escuchar audiolibros:

- *Storytel:* Por una mensualidad bastante económica tienes acceso a todo el catálogo, puedes escuchar los libros que quieras de distintos temas, tienes acceso a libros electrónicos, cuenta con varios géneros y distintas versiones de clásicos.
- *Audible:* Está ligado a tu cuenta de Amazon, es una aplicación más cara, ya que los libros se compran, no se rentan. Tiene un catálogo tan amplio como la biblioteca digital de Kindle. Encuentras audiolibros en diferentes idiomas.

En ambas opciones tienes acceso a podcasts de distintos países y temas. Ninguna de las dos cuenta con todos los audiolibros que existen.

Otras aplicaciones que pueden servirte son: Ipstori, Beek, Penguinlibros.

Los que más nos han gustado:
✦ *Peregrinos* de Sofía Segovia.
✦ *Un monstruo viene a verme* de Patrick Ness.
✦ *Las aventuras de Sherlock Holmes* de Arthur Conan Doyle.
✦ *Las siete hermanas* de Lucinda Riley.
✦ *Invisible* de Eloy Moreno.
✦ *Los recuerdos del porvenir* de Elena Garro.

Capítulo 8

¿QUÉ TIPO DE LECTOR ERES?

Es lo que lees cuando no tienes que hacerlo
lo que determina lo que serás.
OSCAR WILDE

Así como amplio y vasto es el universo de los libros, lo es el de los lectores. ¿Alguna vez te has preguntado en qué arquetipo de lector cabes? Conocerte te ayudará a sacarle mucho más provecho a tu experiencia.

¿Alguna vez te lo has preguntado?

- **Lector monógamo:** Aquel que le es fiel a un autor o género. Se convierte en un experto en el tema. Si conoces a alguien así, no dudes en pedirle una recomendación.
- **Lector polígamo:** Lee varios libros a la vez, no le basta una sola historia ni le importa mezclar géneros, aunque algunos prefieren que sean temas distintos para no confundir tramas ni personajes.
- **Lector responsable:** Termina los libros aunque no le gusten.

 : ¡Me niego a terminar un libro que no me gusta!

 : Yo antes lo hacía, pero hay tanto que leer y tan poco tiempo… que mejor, ¡bye!

- Lector negativo: Nada le gusta, ¡NADA! A todo le encuentra un pero, es difícil de complacer.
- Lector positivo: Hasta en el peor libro encuentra aspectos rescatables, les pone cinco estrellas a las instrucciones de la sopa de pasta, pocas veces se enoja con los personajes, se deja llevar. El libro más palomero le sabe a caviar.
- Lector insomne: No duerme. Este lector es fácil de descubrir, lo encontrarás debajo de las sábanas con una linterna en la mano a altas horas de la madrugada.
- Lector antisocial: Parece que no, pero sí existen, los encontrarás en un rincón con un ejemplar en la mano mientras los demás disfrutan del bailongo.
- Lector grafitero: Dibuja en las páginas, subraya frases, tacha, corrige, pone anotaciones, opiniones personales.
- Lector egoísta: Aquel que cuida sus libros como su mayor posesión, no los presta por temor a no volverlos a ver, ¡y tiene razón!

 : A mí no me gusta prestarlos porque subrayo y anoto cosas personales.

 : ¿Pues qué tanto escribes? Te voy a robar uno para enterarme de tus secretos.

- Lector altruista: Presta, regala, hace listas pensando que lleva un control de los libros que salen de su librero con la esperanza de que regresen, le gusta compartir y que la gente los disfrute de la misma manera.

Después de conocer las características de algunos tipos de lectores, tú ¿a cuál perteneces?

- ❑ Monógamo
- ❑ Polígamo
- ❑ Responsable
- ❑ Negativo
- ❑ Positivo
- ❑ Insomne
- ❑ Antisocial
- ❑ Grafitero
- ❑ Egoísta
- ❑ Altruista
- ❑ Todas las anteriores

Capítulo 9

TERAPIA LITERARIA INTENSIVA

A este capítulo no pudimos nombrarlo de otra manera, ya que a veces llegamos a extremos que sólo otro lector en estado crítico podría entender.

En los años que llevamos como lectoras y como prescriptoras de libros nos ha tocado ver de todo. Y es que, como todo aquello que toca las fibras del corazón humano, los libros levantan pasiones.

 : Maura, para ti ¿qué es la terapia literaria intensiva?

 : Es cuando haces cosas irracionales por amor a los libros.

 : ¿Te acuerdas cómo *fangirleamos* cuando nos encontramos a ciertos autores en la Feria de Libro de Guadalajara?

 : Sí, de pena ajena, pero no lo pensamos, lo hicimos y lo seguiremos haciendo.

SÍNTOMAS DE UN PACIENTE
DE TERAPIA LITERARIA INTENSIVA

Tacha los que ya hiciste.

❏ Pagar una suma exorbitante por cierta edición o libro de colección.

❏ Enojarte por no tener todos los títulos de una serie en la misma edición. ¡Qué coraje cuando son de diferente tamaño!

❏ Hacer horas y kilómetros de fila para una firma o para tomarte una foto con un autor que admiras.

❏ Pedir un libro a otro país, aunque te salga carísimo, con tal de tenerlo entre tus manos.

❏ Hacerte amigo/a de los distribuidores, vendedores o libreros para conseguir la colección completa de una serie que fue publicada.

❏ Ahorrar todo el año para viajar a ferias de libro de diferentes países.

❏ Leer el libro antes de que salga la película.

❏ Cargar un libro a todos lados, aunque no lo leas y te estorbe.

❏ Seguir comprando libros aunque la lista por leer sea infinita y en tu casa se sigan acumulando.

❑ Esperar formado afuera de una librería a que den las 00:00 del día de publicación de una obra esperadísima. (¡Ejem, ejem! Todos los de Harry Potter.)

❑ Comprar en diferentes idiomas el mismo título sólo porque te encanta.

❑ Encerrarte en el baño por horas con tal de que nadie te interrumpa.

❑ Leer en las peores posiciones, aunque termines con dolor de cuello.

❑ Disfrazarte de tu personaje favorito.

Que no te dé vergüenza llevar tu pasión por la lectura al límite, no estás solo, muchos somos pacientes en terapia literaria intensiva.

REGISTRA TUS LECTURAS

Justo como en una sesión, nuestro propósito es ayudarte a descubrir aquellos libros que te aporten, que te den satisfacción y aumenten tu pasión por este hermoso gusto que compartimos: la lectura. Para ayudarte a identificarlos, regístralos aquí, marca cómo te hicieron sentir y define si te gustó esa sensación.

Título del libro:

Autor:

Este libro me hizo sentir:

❏ Triste   ❏ Identificado   ❏ Informado   ❏ Ofendido

❏ Feliz   ❏ Sorprendido   ❏ Entretenido   ❏ Inspirado

Me gustó esta sensación:

❏ Sí   ❏ No   ☆ ☆ ☆ ☆ ☆

Título del libro:

Autor:

Este libro me hizo sentir:

❏ Triste   ❏ Identificado   ❏ Informado   ❏ Ofendido

❏ Feliz   ❏ Sorprendido   ❏ Entretenido   ❏ Inspirado

Me gustó esta sensación:

❏ Sí   ❏ No   ☆ ☆ ☆ ☆ ☆

Título del libro:

Autor:

Este libro me hizo sentir:

❑ Triste ❑ Identificado ❑ Informado ❑ Ofendido

❑ Feliz ❑ Sorprendido ❑ Entretenido ❑ Inspirado

Me gustó esta sensación:

❑ Sí ❑ No ☆ ☆ ☆ ☆ ☆

Título del libro:

Autor:

Este libro me hizo sentir:

❑ Triste ❑ Identificado ❑ Informado ❑ Ofendido

❑ Feliz ❑ Sorprendido ❑ Entretenido ❑ Inspirado

Me gustó esta sensación:

❑ Sí ❑ No ☆ ☆ ☆ ☆ ☆

Título del libro:

Autor:

Este libro me hizo sentir:

❑ Triste ❑ Identificado ❑ Informado ❑ Ofendido

❑ Feliz ❑ Sorprendido ❑ Entretenido ❑ Inspirado

Me gustó esta sensación:

❑ Sí ❑ No ☆ ☆ ☆ ☆ ☆

Título del libro:

Autor:

Este libro me hizo sentir:

❏ Triste   ❏ Identificado   ❏ Informado   ❏ Ofendido

❏ Feliz   ❏ Sorprendido   ❏ Entretenido   ❏ Inspirado

Me gustó esta sensación:

❏ Sí   ❏ No   ☆ ☆ ☆ ☆ ☆

Título del libro:

Autor:

Este libro me hizo sentir:

❏ Triste   ❏ Identificado   ❏ Informado   ❏ Ofendido

❏ Feliz   ❏ Sorprendido   ❏ Entretenido   ❏ Inspirado

Me gustó esta sensación:

❏ Sí   ❏ No   ☆ ☆ ☆ ☆ ☆

Título del libro:

Autor:

Este libro me hizo sentir:

❏ Triste   ❏ Identificado   ❏ Informado   ❏ Ofendido

❏ Feliz   ❏ Sorprendido   ❏ Entretenido   ❏ Inspirado

Me gustó esta sensación:

❏ Sí   ❏ No   ☆ ☆ ☆ ☆ ☆

Título del libro: ....

Autor: ....

Este libro me hizo sentir:

❑ Triste ❑ Identificado ❑ Informado ❑ Ofendido

❑ Feliz ❑ Sorprendido ❑ Entretenido ❑ Inspirado

Me gustó esta sensación:

❑ Sí ❑ No ☆ ☆ ☆ ☆ ☆

Título del libro: ....

Autor: ....

Este libro me hizo sentir:

❑ Triste ❑ Identificado ❑ Informado ❑ Ofendido

❑ Feliz ❑ Sorprendido ❑ Entretenido ❑ Inspirado

Me gustó esta sensación:

❑ Sí ❑ No ☆ ☆ ☆ ☆ ☆

Título del libro: ....

Autor: ....

Este libro me hizo sentir:

❑ Triste ❑ Identificado ❑ Informado ❑ Ofendido

❑ Feliz ❑ Sorprendido ❑ Entretenido ❑ Inspirado

Me gustó esta sensación:

❑ Sí ❑ No ☆ ☆ ☆ ☆ ☆

Título del libro: ....

Autor: ....

Este libro me hizo sentir:

❏ Triste ❏ Identificado ❏ Informado ❏ Ofendido

❏ Feliz ❏ Sorprendido ❏ Entretenido ❏ Inspirado

Me gustó esta sensación:

❏ Sí ❏ No ☆ ☆ ☆ ☆ ☆

Título del libro: ....

Autor: ....

Este libro me hizo sentir:

❏ Triste ❏ Identificado ❏ Informado ❏ Ofendido

❏ Feliz ❏ Sorprendido ❏ Entretenido ❏ Inspirado

Me gustó esta sensación:

❏ Sí ❏ No ☆ ☆ ☆ ☆ ☆

Título del libro: ....

Autor: ....

Este libro me hizo sentir:

❏ Triste ❏ Identificado ❏ Informado ❏ Ofendido

❏ Feliz ❏ Sorprendido ❏ Entretenido ❏ Inspirado

Me gustó esta sensación:

❏ Sí ❏ No ☆ ☆ ☆ ☆ ☆

Título del libro:

Autor:

Este libro me hizo sentir:

❏ Triste ❏ Identificado ❏ Informado ❏ Ofendido

❏ Feliz ❏ Sorprendido ❏ Entretenido ❏ Inspirado

Me gustó esta sensación:

❏ Sí ❏ No ☆ ☆ ☆ ☆ ☆

Título del libro:

Autor:

Este libro me hizo sentir:

❏ Triste ❏ Identificado ❏ Informado ❏ Ofendido

❏ Feliz ❏ Sorprendido ❏ Entretenido ❏ Inspirado

Me gustó esta sensación:

❏ Sí ❏ No ☆ ☆ ☆ ☆ ☆

Título del libro:

Autor:

Este libro me hizo sentir:

❏ Triste ❏ Identificado ❏ Informado ❏ Ofendido

❏ Feliz ❏ Sorprendido ❏ Entretenido ❏ Inspirado

Me gustó esta sensación:

❏ Sí ❏ No ☆ ☆ ☆ ☆ ☆

Título del libro:

Autor:

Este libro me hizo sentir:

❏ Triste ❏ Identificado ❏ Informado ❏ Ofendido

❏ Feliz ❏ Sorprendido ❏ Entretenido ❏ Inspirado

Me gustó esta sensación:

❏ Sí ❏ No ☆ ☆ ☆ ☆ ☆

Título del libro:

Autor:

Este libro me hizo sentir:

❏ Triste ❏ Identificado ❏ Informado ❏ Ofendido

❏ Feliz ❏ Sorprendido ❏ Entretenido ❏ Inspirado

Me gustó esta sensación:

❏ Sí ❏ No ☆ ☆ ☆ ☆ ☆

Título del libro:

Autor:

Este libro me hizo sentir:

❏ Triste ❏ Identificado ❏ Informado ❏ Ofendido

❏ Feliz ❏ Sorprendido ❏ Entretenido ❏ Inspirado

Me gustó esta sensación:

❏ Sí ❏ No ☆ ☆ ☆ ☆ ☆

Título del libro: ....

Autor: ....
Este libro me hizo sentir:
❏ Triste ❏ Identificado ❏ Informado ❏ Ofendido
❏ Feliz ❏ Sorprendido ❏ Entretenido ❏ Inspirado
Me gustó esta sensación:
❏ Sí ❏ No ☆ ☆ ☆ ☆ ☆

Título del libro: ....

Autor: ....
Este libro me hizo sentir:
❏ Triste ❏ Identificado ❏ Informado ❏ Ofendido
❏ Feliz ❏ Sorprendido ❏ Entretenido ❏ Inspirado
Me gustó esta sensación:
❏ Sí ❏ No ☆ ☆ ☆ ☆ ☆

Título del libro: ....

Autor: ....
Este libro me hizo sentir:
❏ Triste ❏ Identificado ❏ Informado ❏ Ofendido
❏ Feliz ❏ Sorprendido ❏ Entretenido ❏ Inspirado
Me gustó esta sensación:
❏ Sí ❏ No ☆ ☆ ☆ ☆ ☆

Título del libro:

Autor:

Este libro me hizo sentir:
- ❏ Triste
- ❏ Identificado
- ❏ Informado
- ❏ Ofendido
- ❏ Feliz
- ❏ Sorprendido
- ❏ Entretenido
- ❏ Inspirado

Me gustó esta sensación:
- ❏ Sí ❏ No

☆ ☆ ☆ ☆ ☆

Título del libro:

Autor:

Este libro me hizo sentir:
- ❏ Triste
- ❏ Identificado
- ❏ Informado
- ❏ Ofendido
- ❏ Feliz
- ❏ Sorprendido
- ❏ Entretenido
- ❏ Inspirado

Me gustó esta sensación:
- ❏ Sí ❏ No

☆ ☆ ☆ ☆ ☆

Título del libro:

Autor:

Este libro me hizo sentir:
- ❏ Triste
- ❏ Identificado
- ❏ Informado
- ❏ Ofendido
- ❏ Feliz
- ❏ Sorprendido
- ❏ Entretenido
- ❏ Inspirado

Me gustó esta sensación:
- ❏ Sí ❏ No

☆ ☆ ☆ ☆ ☆

¿QUÉ DIJO?

Antología: Recopilación de varios textos principalmente de poesía, cuento, ensayo.

bestseller. Libros que forman parte de los más vendidos a nivel mundial.

bibliófilo: Persona amante de los libros.

blogger: Persona que tiene una página de internet donde habla de libros.

bookhaul: Muy parecido al *unboxing,* pero aquí los libros ya están abiertos y se platica un poco de cómo llegaron y de qué tratan.

bookstagrammer: Persona que habla de libros en Instagram.

booktag: Son preguntas, de cualquier tema, que pueden relacionarse con libros.

booktoker: Persona que habla de libros en TikTok.

booktuber: Persona que habla de libros en YouTube.

book trailer: Es un video para promocionar un libro antes de su publicación.

chick lit: Género muy reciente, dirigido a mujeres principalmente, que tiene como temas centrales el romance y el erotismo. Las protagonistas suelen tener entre 20 y 35 años.

distopía: Género literario que nos presenta situaciones inexistentes con tintes reales.

ebook: Libros electrónicos.

ex libris: Son los sellos o marcas de propiedad ya sea de una biblioteca o propietario del libro.

fangirleo: Emocionarse sin control por algo, suele utilizarse para hacer referencia a la intensidad con la que se habla de un libro.

hate: Aquellos comentarios que manifiestan inconformidad, de manera agresiva, ya sea de un libro en particular, acerca de la reseña, de quien lo comenta, de la comunidad que participa y hasta de la vida en general. Generalmente son los mismos usuarios sembrando odio en cuanto foro se les permite.

hype: Expectativas desproporcionadas que se generan por un libro. Emoción e intensidad previa que produce una lectura.

ISBN: International Standard Book Number, por sus siglas en inglés. Es el número que identifica cada libro en todo el mundo.

longseller: Es un bestseller que a pesar del paso del tiempo se mantiene en el gusto de los lectores.

plot twist: Giro inesperado dentro de la trama.

precuela: Libro que por lo general se publica años después, para explicar el comienzo de una saga que tuvo gran éxito en ventas.

reading challenge: Reto personal de lectura.

spinoff: Libro que se escribe a partir de una historia original; no necesariamente es la continuación. El foco puede ser un personaje secundario o una perspectiva distinta del mismo argumento.

spoilers: Cuando te cuentan lo más interesante del libro o el final y no lo has leído. Considerado por los lectores como una total falta de respeto.

TBR: To Be Read, por sus siglas en inglés; hace referencia a los libros por leer.

unboxing: Abrir libros nuevos a la vista de todo el mundo en alguna red social. Compartir la emoción que da descubrir títulos.

wrap up: Cuando se hace un resumen.

ANATOMÍA DE UN LIBRO

Tapas o cubiertas: La parte externa del libro, donde viene el título, nombre del autor y de la editorial.

Lomo: Lo que ves del libro cuando exploras un librero, viene impreso el nombre del autor, el título y nombre de la editorial o sello que lo publica.

Canto: Corte del libro, opuesto al lomo, donde se ven todas las hojas, a veces está pintado de color.

Solapa: Es la extensión de la portada que se dobla en el interior del libro, en la delantera solemos encontrar la biografía del autor y su foto. En la trasera, comentarios sobre el libro e incluso recomendaciones de otros títulos de la misma editorial.

Faja: Es una tira de papel que envuelve el ejemplar, sin llegar a tapar la portada en donde la editorial proporciona información extra, puede ser algún premio que haya recibido, algún comentario sobre la lectura.

Camisa: Cubierta de papel que protege el libro de pasta dura.

Partes internas:

Anteportada: Página anterior a la portadilla en la que sólo viene el título.

Página legal o de derechos: Es la parte de atrás de la portada, donde viene año y número de edición, lugar de impresión, nombre del traductor.

Portadilla: Página que contiene el nombre del libro, del autor y de la editorial o sello que lo publica.

Prólogo: También llamado introducción, puede ser escrito por el autor u otra persona que haya leído el libro de manera previa.

Índice: Desglose de los capítulos.

Cuerpo: Parte central del libro, lo contiene todo.

Epílogo: Se encuentra en la parte final y sirve para concluir temas o hacer reflexiones sobre la misma trama.

Colofón: En esta página, que viene al final del libro, se detalla el lugar de impresión y fecha.

AGRADECIMIENTOS

Creo sin lugar a duda que uno logra alcanzar sus sueños creyendo en ellos, trabajando mucho, pero sobre todo gracias a las personas que nos rodean.

Primero, me gustaría agradecer a Valentina Trava, porque eres un ejemplo a seguir, por las lágrimas y carcajadas compartidas. Es un privilegio ser tu amiga y compinche de terapia. Sin ti este proyecto, como muchos otros que tenemos, no habría sido posible. Te quiero, reinis.

A los seguidores de @mauraterecomiendaunlibro, gracias por ayudarme a crear una comunidad lectora, por sus mensajes, recomendaciones y apoyo a lo largo de este proyecto compartido.

A mis clubes de lectura Re&d, Otras/Otras, Favoritas, Intensas, Arraigadas, Lomas, Viajeras literarias, BookClub, Urracas, Books and Coffee, Eternas, Ruiseñor, Books and Wine, Las novias de Arriaga y Lectura con causa por enriquecer cada libro con sus comentarios, confidencias y amistades que llegaron para quedarse. Ahora todo lo que leo tiene un valor agregado gracias a ustedes.

A mis amigas que desde un principio han sido pacientes, comprensivas e incondicionales porristas. Ustedes saben quiénes son, las quiero con todo mi corazón.

A Sylvia, por el día que me dijiste: deberías de organizar un club de lectura. Y aquí estamos.

A Josu, gracias por ser mi aliada en esta aventura. Me queda claro que nadie mejor que tú, mi "poli mala", quien hace todo con una sonrisa y la mejor disposición siempre.

Gracias a mis papás por la infinidad de cosas que sembraron en mí, por enseñarme el esfuerzo constante y por presentarme a mis compañeros incondicionales de vida, los libros. Siempre vivirán en mi corazón y en mi memoria. Los amo.

Humberto, gracias por ser mi compañero de vida, por hacerme reír, por escucharme, por tu paciencia infinita y sobre todo por siempre creer en mí, porque el día que te conté que no había nada que me apasionara, tú que me conoces mejor que nadie me mostraste el camino y me impulsaste a seguirlo. Te amo.

A mis hijos, María José y Juan Pablo, por ser mis maestros, mi inspiración y la muestra de que se puede amar a alguien más que a uno mismo. Esto es para ustedes.

MAURA

Lo soñé muchas veces, se convirtió en una meta y la estoy cruzando.

Para poder hacer lo que hago fue necesario el amor, el apoyo y la paciencia de mis hijos, Val y Pato, a quienes desde hace ya varios años les robo horas de apapachos o idas al cine para leer, trabajar y hacer lo que tanto disfruto. Gracias, niños, por todo y tanto. Espero que se sientan tan orgullosos de su madre como yo lo estoy de ustedes.

A mi mamá y hermano por el apoyo, la motivación, por estar a mi lado y no soltarme nunca. Por ser mi ancla.

A mi familia, a todos los Osorno. ¡Los amo!

A Viole, por la paciencia y la lista interminable de pendientes que a veces resuelvo a tiempo y otras no.

Gracias infinitas a cada uno de los integrantes de mis clubes de lectura, Brontë, Zafonitas, Historiadores, Insurgentes, La tribu, Arraigados, Socias literarias, Benavent, Posteguillo, Arriaga, Carlotas, Sin fronteras, Erótica, Libreros. No sé si lo saben, pero durante la pandemia se convirtieron en mi salvavidas en medio de la tormenta, nunca terminaré de agradecerles los cientos de zooms, la compañía y el aprendizaje. "La lectura no es un acto en solitario", ¿queda claro?

A la comunidad de El Librero de Valentina, que me ha permitido descubrir que cuando las cosas se hacen con pasión, se logran.

Y a ti, reinis, las palabras no alcanzan para agradecer que seas mi compañera y cómplice de tantas aventuras. Esto apenas comienza.

VALENTINA

Este libro no existiría sin Mich (Michelle Griffing), sin su confianza, apoyo constante y fe en nosotras. Por eso y más estaremos eternamente agradecidas.

A David Escamilla, Andrea Salcedo y Cecilia Barragán de Penguin Random House por apostar a favor de *Terapia Literaria* y ver lo que nosotras nunca vimos.

A Cynthia Castañeda, que pudo plasmar de forma gráfica lo que nosotras sólo sabemos expresar apasionadamente.

A Nayeli Rojas por las ilustraciones.

Gracias de corazón a todos los lectores que desde hace más de un año nos acompañan, con café y pluma en mano, en cada transmisión sin importar si están en el trabajo, en la escuela o al otro lado del mundo. La *Terapia Literaria* es suya.

Gracias a los escritores y editoriales que han creído en nosotras y nos han apoyado a lo largo de este camino.

Y a ti, querido lector.

**Esperamos que
el final de este libro
sea el inicio de
tu vida como lector.**

MAURA Y VALENTINA

DI NO A LA PIRATERÍA

No queremos terminar este libro sin antes pedirte: ¡por favor, di no a la piratería!

Cuando te comparten un pdf, cuando compras un libro pirata piensa que no nada más afectas al escritor o a la editorial, alrededor del proceso de publicación se encuentran varias personas que hacen su trabajo y viven de él, editores, correctores de estilo, ilustradores, almacenistas, repartidores, vendedores, choferes, entre muchos otros. Si de verdad amas la lectura, respeta el proceso.

Terapia literaria de Maura Gómez y Valentina Trava
se terminó de imprimir en noviembre de 2022
en los talleres de
Litográfica Ingramex, S.A. de C.V.
Centeno 162-1, Col. Granjas Esmeralda, C.P. 09810
Ciudad de México.